AF450332

LE BILAN DE L'EMPIRE

PAR

J. E. HORN

« Les chiffres gouvernent le monde....
Non : mais ils disent comment il est gou-
verné. »

GŒTHE.

CINQUIÈME ÉDITION

40 CENTIMES

PARIS

ARMAND LE CHEVALIER, ÉDITEUR

RUE DE RICHELIEU, 61

—

1869

Tous droits réservés.

Édité l'été dernier par la librairie Dentu, dans le format ordinaire des brochures politiques et financières (1 franc), le *Bilan de l'Empire,* dans l'espace de quelque semaines, s'est vendu à plusieurs milliers d'exemplaires. D'une façon non moins significative témoignaient en sa faveur les réponses officielles et officieuses que le gouvernement a cru devoir lui opposer et les attaques personnelles dont certaine presse accablait l'auteur. Des amis politiques estiment qu'une édition *populaire* du *Bilan* serait une chose opportune au moment où le pays va être appelé à juger solennellement, devant l'urne électorale, les effets du régime dont nous « jouissons » depuis dix-sept ans, je me rends volontiers à leur flatteuse invitation et serai heureux si ce modeste écrit peut contribuer à éclairer la conscience de l'électeur. Le cadre et le caractère de la brochure sont restés les mêmes que dans les éditions antérieures ; toutefois, j'ai mis à profit, par de nombreux changements, et les observations fondée dont elle a été l'objet, et les documents nouveaux publiés depuis sa première apparition.

Paris, ce 10 avril 1869.

HORN.

LE BILAN
DE L'EMPIRE

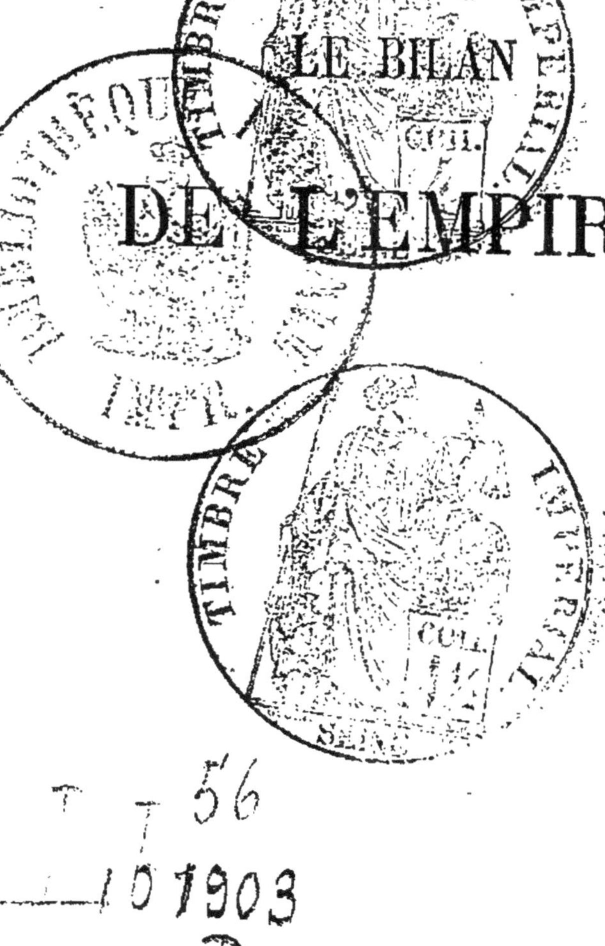

10600. — IMPRIMERIE GÉNÉRALE DE CH. LAHURE
Rue de Fleurus, 9, à Paris.

LE BILAN
DE L'EMPIRE

PAR

J. E. HORN

« Les chiffres gouvernent le monde....
Non ; mais ils disent comment il est gou-
verné. »

GŒTHE.

CINQUIÈME ÉDITION

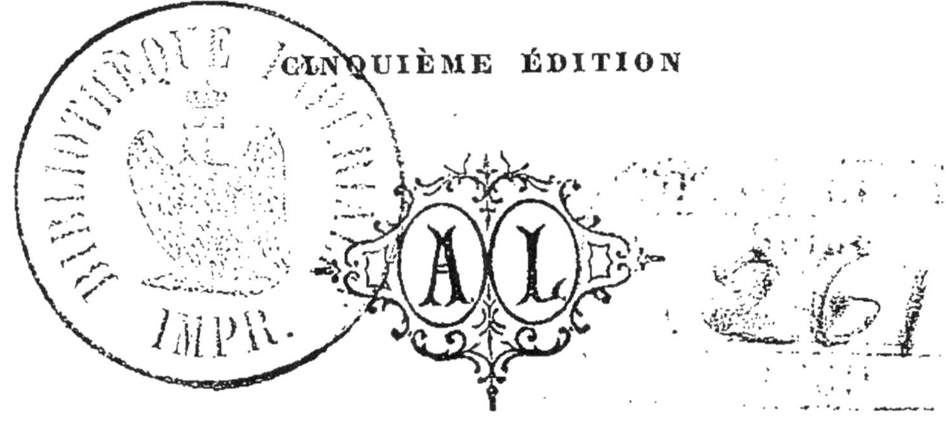

PARIS

ARMAND LE CHEVALIER, ÉDITEUR

RUE DE RICHELIEU, 61

—

1869

LE BILAN
DE L'EMPIRE.

I

A quel prix, dans la France du jour, fonctionne la machine gouvernementale ? Qu'est-ce que nous coûte l'Empire ?

Il ne s'agit, pour le moment, que du coût matériel et direct. La réponse sera demandée aux seuls documents officiels et acceptée telle qu'ils la fournissent. Les comptes définitivement réglés de l'administration des finances vont jusqu'à la fin de l'exercice 1866. Cela permet d'embrasser un espace de temps de quinze ans (1852 à 1866) : la durée moyenne ou à peu près d'un règne dans la France moderne.

Nous ne dresserons, toutefois, ni n'examinerons les comptes année par année. La surcharge de chiffres écraserait cette modeste esquisse, et fatiguerait le lecteur. Nous nous en tiendrons, la plupart du temps, aux chiffres généraux. Lorsque le détail semblera opportun, nous grouperons en trois périodes d'égale longueur les quinze années sur lesquelles portent nos investigations. C'est, dans l'espèce, une *spécialisation* très-suffisante. Disons plus : la tendance et la marche des faits budgétaires sont mieux saisies et jugées sur des données quinquennales que sur des chiffres annuels, souvent affectés par des faits passagers.

Voyons, sans plus de préambule, quelles ont été les dépenses publiques faites durant les quinze premières années de l'Empire ; nous disons « de l'Empire, » en demandant une fois pour toutes la permission, ne fût-ce que dans l'intérêt de la brièveté et de la simplification, de ne pas séparer l'année intermédiaire qui suit le 2 décembre 1851 du règne auquel elle se rattache si intimement. Les dépenses des années 1852 à 1866 se sont élevées aux chiffres que voici :

Périodes quinquennales.	Ensemble des dépenses.	Moyenne par année.
Années 1852 à 1856	9,643,778,793 fr.	1,928,755,759 fr.
1857 à 1861	10,213,760,472	2,042,752,094
1862 à 1866	11,106,680,406	2,201,376,081

Ce qui fait UN TOTAL D'ENVIRON TRENTE ET UN MILLIARDS DE FRANCS, *et une moyenne générale de deux milliards et soixante-quatre millions par an.*

Est-ce peu? est-ce beaucoup? est-ce trop?
Tout est relatif dans ce bas monde, le chiffre
surtout. Il faut peser, mesurer, comparer, pour
juger les chiffres avec vérité et impartialité.
Concernent-ils les dépenses publiques, il faut
comparer les exigences du jour à celles de la
veille; il faut voir le rapport entre les charges
du pays et ses facultés contributives; il faut examiner encore et surtout l'emploi que reçoivent
les deniers des contribuables. L'ensemble de
ces données peut seul faire apprécier avec sû-
reté la gestion et la situation financières de
l'Etat.

II

Impossible de ne pas être frappé, à l'inspec-
tion du petit tableau qui précède, de la progression forte et continue des dépenses. Comparez
la seconde période de cinq ans (1857-61) à la
première (1852-56), les dépenses se trouvent
accrues de cinq cent soixante-dix millions; comparez la troisième période quinquennale (1862-66)
à sa devancière immédiate, nouvelle augmentation de huit cent quatre-vingt-treize millions. De

la première à la troisième période, la progression est presque d'un milliard et demi, ou près de trois cents millions de francs sur la moyenne annuelle des dépenses.

Le point de départ avait-il été assez bas pour permettre une telle progression? Aucunement. Dès le début, l'Empire a dépassé ses devanciers. L'ensemble des dépenses pour les années 1847 à 1851 ne s'était élevé qu'à 7 milliards 981 millions de francs. Ainsi, du premier bond (1852-56), le gouvernement impérial excédait, en moyenne, de 333 millions par an les budgets précédents. Après un bond aussi violent, l'arrêt ou même le recul semblait indiqué. C'est le contraire qui arrive. On va à l'avant et toujours à l'avant.

Aussi la progression est-elle énorme si, laissant de côté l'époque si accidentée de 1847-51, l'on compare l'ensemble des quinze premières années de l'Empire aux quinze années normales du gouvernement de Juillet. Dans l'espace de temps compris entre 1832 et 1846, le total de nos dépenses publiques s'était monté à 19 milliards 38 millions de francs. La différence, à la charge des années 1852-1866 est de près de douze milliards; autrement dit : l'Empire nous fait dépenser *huit cents millions* de plus par année que nous n'en avions dépensé antérieurement.

III

On essaye d'atténuer en contestant l'*effectivité* du total budgétaire, base de nos appréciations. Il y a, dit-on, des réductions à opérer, pour charges nominales ou à peu près. Lors de la présentation et de la discussion des lois budgétaires, les organes du gouvernement s'évertuent, en effet, à diviser, à couper, à élaguer. Sous prétexte d'ordre et de clarté, l'on établit des classifications sans fin, grâce auxquelles le public sait de moins en moins s'orienter dans le dédale budgétaire. Regardons de plus près. Qu'y a-t-il de fondé dans ces élagations et atténuations?

Je ne m'arrête guère aux distinctions officielles et de comptabilité entre le budget ordinaire et le budget extraordinaire, entre les budgets primitifs et les budgets rectificatifs, entre le budget principal et le budget complémentaire. A cette pauvre gent contribuable qui a dû fournir les trente et un millards de francs dépensés de 1852 à 1866, peu importent le titre et l'étiquette dont s'affublent les exigences du fisc. J'écarte également, comme étant hors de cause, la question des dépenses dites d'ordre (environ cent dix millions de francs par an); elles ne sont point comprises dans les comptes budgétaires qui précèdent ou qui suivront. Restent deux grands chapitres que l'administration aimerait à faire écarter comme un hors-d'œuvre, qui ne doit point entrer en ligne de compte des charges budgétaires. La prétention est des moins fondées.

Il s'agit d'abord des « frais de régie, de perception et d'exploitation des impôts et revenus publics » : 224 millions en 1866. Pourquoi élaguer ce chapitre? Les frais généraux ne font-ils pas partie intégrante de toute exploitation? Il est vrai que cette partie du revenu public, au lieu de fournir la solde des troupes ou les appointements d'employés de bureaux, va couvrir les remises accordées aux percepteurs, payer les gages des porteurs de contraintes, des douaniers, des gardes forestiers; qu'importe! L'argent en sort-il moins des poches des contribuables et son manque s'y fera-t-il moins sentir? Ces 224 millions font partie, comme tout le reste de l'impôt, du revenu des contribuables; ils sont, comme tout le reste de l'impôt, dépensés par d'autres mains que celles des contribuables et pour des besoins autres que leurs besoins individuels : voilà l'essentiel.

Tout au plus y aurait-il à défalquer les sommes employées à l'achat et à la fabrication des tabacs. C'est une simple avance faite aux fumeurs; ils la rembourseront dans le prix des tabacs et des cigares. Elle a pris (en 1866) soixante-deux millions de francs sur les « frais de régie, de perception et d'exploitation » ; tenons-en bonne note. Ajoutons-y les cinquante-un millions qu'a coûté la poste aux lettres. Ceci encore n'est qu'une avance ; remboursé sous forme de port de lettres par tous expéditeurs et destinataires de correspondances, cet argent se retrouve au chapitre des recettes. Mettons enfin pour fabrication de la poudre destinée à la vente et pour quelques déboursés analogues, une douzaine de millions. Ce serait en tout une réduction de cent vingt-cinq millions à opérer sur le total de 2 milliards 200 millions qu'atteint la charge budgétaire annuelle, dans la période quinquennale de 1862 à 1866.

Par malheur, cette unique réduction légitime est plus que contre-balancée par ce qu'il faut ajouter, au contraire, à l'autre chapitre que l'administration voudrait élaguer, par un habile tour de pestidigitation, du compte des charges contributives. C'est le « budget des dépenses sur ressources spéciales. » Cet argent, allègue-t-on, ne fait que traverser les caisses de l'Etat pour se déverser dans les caisses des départements et des communes, qui le dépensent. Soit. Et puis ?

Les 271 millions que ce budget absorbait en 1866 ont-ils été, oui ou non, fournis par les contribuables et absorbés par les dépenses publiques ? Voilà toute la question. L'emploi donné aux sommes encaissées par les percepteurs de l'Etat ne nous occupe pas dans ce moment ; tantôt nous y arriverons. C'est le montant des charges que nous établissons ; or, les 271 millions du « budget des dépenses sur ressources spéciales » sont pris sur le revenu des citoyens, et par conséquent constituent une très-effective charge budgétaire. Elle est plus forte même que ne la dit le budget général ; elle s'accroît de toutes les exigences particulières des départements et des communes.

Voyons la capitale. Est-ce qu'elle est quitte de tout, en payant sa quote-part au budget de l'Etat ? Bien s'en faut. Les Parisiens ont à pourvoir, en sus, aux exigences du plus formidable des budgets municipaux ; pour 1868, il ne demandait pas moins de deux cent quarante-cinq millions ! Les « centimes communaux », c'est-à-dire la part encaissée par l'Etat et qui déjà a figuré dans les charges générales, ne fournit pas même la cinquantième partie (environ 3 1/3 millions) de cette somme. L'immense reste est une charge nouvelle, une surcharge. Diminuons-la — ne fût-ce qu'en retour des dégrèvements sur certains impôts généraux que les « abonnements » de l'administration municipale procurent aux habitants de Paris — diminuons-la de tout-le montant des ressources obtenues pour 1868 de l'emprunt de 1865 ; le quart d'heure.de Rabelais sonnera plus tard pour le principal de cette dette. Restent néanmoins cent quatre-vingts millions que, pour les besoins particuliers de son administration, M. le baron Haussmann tire des poches parisiennes. Cet énorme surcroît balance bien et au delà l'allégement qui pourrait revenir aux Parisiens du chef de la « déduction » de 125 millions qui serait à.opérer sur le budget de la France entière ! »

Et la surcharge, toute proportion gardée, se retrouve partout, et partout elle va en croissant depuis l'établisssment de l'Empire. Lyon et Marseille, Bordeaux et Nantes, Rouen et le Havre, Toulouse et Grenoble : tout s'haussmannise ou est haussmannisé. L'impulsion et l'exemple venus de la capitale n'ont été que trop fidèlement suivis. Les dettes et les centimes supplémentaires se multiplient dans les grandes villes et dans les petites ; les quatorze cents communes à octroi voient cet impôt, si inique et si justement impopulaire, étendre ses envahissements de jour en jour.

IV

En l'absence de données plus récentes, nous nous en tiendrons, au sujet des dépenses publiques opérées par les collectivités secondaires (villes et départements) au relevé publié dans le *Moniteur* du 8 juillet 1865; les chiffres qu'il fournit appartiennent à l'année 1862. Il porte les dépenses ordinaires des communes à 257 millions et les dépenses extraordinaires à un peu plus de 193 millions de francs ; soit, ensemble, 450 millions. Ce total ne comprend pas les trois départements annexés en 1859; c'est, proportionnellement au chiffre des habitants, 10 millions de francs à ajouter. Il ne comprend pas non plus les dépenses de la ville de Paris; elles avaient, en 1862, dépassé le chiffre de 165 millions. Cela fait un total de 615 millions pour l'année 1862. Il faut, pour avoir le chiffre de l'année où nous sommes, tenir compte de l'accroissement incontestable que les dépenses communales ont éprouvé dans l'intervalle. Mettons, tout naïf que cela paraisse, que la progression ne soit pas devenue plus forte, proportionnellement, que dans l'espace de temps qui séparait les deux derniers relevés officiels. De 1836 à 1862, en vingt-six ans, les dépenses communales s'étaient accrues de 285 pour 100 : de 160 millions de francs à 616 millions. Cela donne, pour sept années (1862-69), un accroissement nouveau de 77 pour 100. C'est une somme de 470 millions, chiffre rond, à ajouter aux 615 millions que les dépenses communales réclamaient en 1862.

Pour quiconque sait additionner, voilà un total de 1 milliard 85 millions par an. Il ne s'agit, bien entendu, que des dépenses en argent; je laisse de côté les prestations et autres charges en nature : je ne les saurais chiffrer avec quelque précision. Mais, il faut ajouter, d'autre part, les dépenses départementales. Entre 1845 et 1856, elles étaient montées de 91 millions à 110 millions, quoique, dans l'intervalle, environ une dizaine de millions ait été enlevée du budget départemental (prisons notamment) pour être mise à la charge du budget général. C'est, en onze ans, une augmentation de 33 pour 100. Admettons que la progression n'ait pas été plus forte dans la période suivante de treize ans (1857-69); ce sera 39 pour 100, soit 43 millions de francs à ajouter au chiffre atteint en 1856. Les dépenses départementales alors se montent, pour 1869, à 153 millions de francs pour le moins : on trouvera l'évaluation fort modeste, quand l'on sait que le seul département de la Seine dépense au delà de 20 millions de francs par an, malgré les budgets si formidables de l'Etat et de la ville de Paris qui lui profitent largement.

Ainsi, les dépenses départementales et communales imposent aux populations françaises une charge annuelle de 1,238 millions de francs. Déduisons-en les 250 millions ayant déjà figuré aux dépenses de l'Etat, qui les encaisse pour les départements et les communes et les verse en leurs mains ; ce sera toujours près de 1 milliard à ajouter aux **2** milliards 200 millions demandés et prélevés par l'Etat ; en tout, une charge annuelle de 3 *milliards* 200 *millions* qui pèse sur les populations françaises. Cette charge énorme, elle la doivent surtout à l'exagération des dépenses de guerre faites par le gouvernement, à l'exagération insensée des travaux d'inutilité publique de la part de l'Etat, des départements et des communes ; elles la doivent — et c'est le nœud du problème — au régime plus ou moins personnel, plus ou moins autocratique, qui a tout envahi, dans l'Etat, dans le département, dans la commune, et qui seul rend possibles ces folles dépenses, en permettant de disposer des deniers des contribuables avec ou contre leur gré.

V

Ce n'est donc pas à 2 milliards 200 millions seulement, ni à 2 milliards et demi que se montent les charges publiques de la France impériale ; l'ensemble de ce qui, sur le fruit de leur travail, sur leurs moyens d'existence, est enlevé aux citoyens français par les divers agents et canaux de perception, dépasse largement, très-largement, la somme de TROIS MILLIARDS de francs par an. Mettons 3,000,000,000, chiffre rond. Ils sont fournis par les dix millions de « ménages » que la France compte aujourd'hui, au maximum ; le recensement de l'année 1861, le dernier dont les détails soient connus, en avait trouvé neuf millions sept cent quarante-sept mille vingt-neuf, dont près de douze cent mille composés d'une seule personne. Passons et admettons l'existence de dix millions de familles. Eh bien, une charge de 3 milliards par an répartie sur dix millions de familles ou de ménages impose à chacun d'eux un sacrifice annuel de *trois cents* francs !

Les familles françaises peuvent-elles, dans leur grande majorité, détourner annuellement pareille somme, sans trop en souffrir, des ressources destinées à les faire vivre? J'en doute, et fortement. Des évaluations récentes, dues à des économistes autorisés et généralement admises comme exactes, portent à 1,000 francs le revenu annuel par famille en France, c'est-à-dire la somme que son travail, son industrie lui fournit comme moyens d'existence, pour subvenir à tous ses besoins. L'évaluation ne pèche guère par trop de réserve. Prenez l'industrie capitale, l'agriculture, qui embrasse plus de la moitié de la population. Combien n'y en a-t-il pas, même sur les deux millions deux cent cinquante mille familles de propriétaires-exploitants, sur les un million cent vingt-cinq mille familles de fermiers et de métayers, qui aspirent en vain à un revenu net de 1,000 francs par an? Le nombre doit en être fort considérable, avec l'excessif morcellement des propriétés et des exploitations qui caractérise l'agriculture française. Inutile de dire que sur les un million trois cent quarante mille familles occupées comme journaliers et ouvriers agricoles, la dixième partie à peine atteint un revenu de 1,000 francs par an. Ce revenu suppose trois cents jours de travail rapportant plus de 3 francs chaque : c'est la rare exception en agriculture.

Même dans l'industrie manufacturière, malgré la régularité et la continuité mieux assurées du travail, malgré l'accroissement général des salaires depuis quelques années, le revenu de mille francs par an n'est pas, tant s'en faut, le lot de la grande majorité. Sur les 530,000 familles qu'absorbe (recensement de 1861) l'industrie du bâtiment; sur les 485,000 familles qu'occupe l'industrie de l'habillement; sur les 416,000 familles qu'entretient l'industrie de l'alimentation ; sur les 300,000 familles que fait vivre l'industrie des transports : les familles de « patrons » exceptées, il y en a peu qui arrivent à se faire un « revenu » de mille francs par an. A Paris même, — la statistique dressée par la Chambre de commerce en fait foi — il faut avoir eu la main heureuse dans le choix du métier pour ne pas subir, en dehors des dimanches et fêtes, deux mois de chômage par an ; il faut être habile dans son métier pour se faire payer, aidé même de tel ou tel membre de la famille, à raison de cinq francs chacune des 240 journées de travail effectives. Calculez. Cela ne fait encore que douze cents francs de revenu brut (sans défalcation pour outils, loyer et éclairage de l'atelier, etc.) pour la minorité privilégiée à Paris. La majorité dans Paris même, la presque totalité des travailleurs industriels dans les départements, n'y parviennent certainement pas.

On ne saurait donc estimer raisonnablement à plus de 1,000 fr. par an le revenu moyen de la famille française. Soyons large, fort large : mettons douze cents francs. L'impôt prélèvera encore le *quart* des fruits du travail, des moyens d'existence de chaque famille !

Ce chiffre parle assez haut. Tout commentaire ne pourrait qu'en affaiblir l'éloquence.

VI

Nous aurons peut-être un prochain jour à examiner de plus près cette grosse charge de trois cents francs que les services publics font peser sur chaque famille ou ménage ; nous l'examinerons surtout dans ses rapports avec les ressources contributives des classes travailleuses. Revenons aux exigences directes de l'Etat, dont les comptes font l'objet spécial de cette étude. Le lecteur maintenant sait surabondamment à quoi s'en tenir sur ces artifices de comptabilité, sur ces classifications et élagations spécieuses, à l'aide desquelles l'on voudrait lui faire accroire que deux et deux ne font qu'un et demi, qu'un budget de dépenses de 2 milliards 200 millions n'exige des contribuables que 16 à 1,700 millions. C'est bel et bien un sacrifice de 2 milliards et un quart environ que l'État, à lui seul, demande annuellement sur le revenu des citoyens français.

Pareil sacrifice se comprend sous la pression de circonstances extraordinaires qui imposent l'effort héroïque et le justifient ; l'Amérique du Nord vient de se l'imposer pour l'abolition de l'esclavage et la défense de son unité. Pareil sacrifice se supporte encore passagèrement en faveur de besoins supérieurs, inéluctables, ou lorsque, par la destination des dépenses, l'avenir promet de rendre plus que ne prête le présent ; tel serait le cas du pays qui, durant quelques années, supporterait des charges exceptionnelles afin de se mettre rapidement, en matière d'instruction publique et de viabilité, au niveau des nations plus avancées.

Rien de pareil en France. Nos écrasantes charges budgétaires ne sont point accidentelles, passagères ; on a pu déjà en constater la persistance, renforcée de la tendance à l'accroissement continu. Nous n'avons pas eu une guerre civile à étouffer, ni notre indépendance à défendre contre l'ennemi extérieur. Nous n'avons pas non plus employé une partie quelque peu notable des 31 milliards, soit à développer nos moyens et facultés de production, soit à perfectionner nos moyens de circulation. La France se ruine sans raison ni profit.

On n'a, pour s'en convaincre, qu'à consulter les documents officiels sur l'emploi qu'ont trouvé les 31 milliards dépensés durant les quinze premières années de l'Empire ; sur la destination que reçoivent les 2 milliards 200 millions de francs qu'engloutit année par année notre budget. De beaucoup la majeure partie de ces immenses ressources s'en va en dépenses qui sont sans utilité pour le présent, sans fruit pour le lendemain. Par contre, est étonnamment mesquine l'allocation qui reste pour les besoins effectifs de l'État et de la société, pour des emplois qui, rationnels et généreux, seraient encore souverainement féconds.

VII

A tout seigneur tout honneur. La première place appartient au chapitre « Dette publique. » C'est le plus dévorant parmi les gros pensionnaires du budget. Voici quelles ont été durant les quinze premières années de l'Empire les exigences de la

Dette publique :

Périodes quinquennales.	Ensemble des dépenses.	Moyenne annuelle.
Années 1852 à 1856	2,180,779,360 fr.	436,155,872 fr.
1857 à 1861	2,734,105,016	526,821,003
1862 à 1866	3,047,950,973	609,590,195

Cela fait un total de 7 milliards 963 millions, et une moyenne générale de 531 millions par an, chiffres ronds. Dans la période quinquennale d'avant 1852, la dépense moyenne par année n'avait été que de 405 millions de francs : 125 millions de moins que la moyenne générale de l'Empire et 205 milllions de moins (par an!) que dans- la dernière période quinquennale (1862-66). Si nous reportons plus haut l'investigation comparative, nous trouvons que dans l'époque de 1832 à 1846 la dette publique a absorbé 344 millions par an; en somme, 5 milliards et 158 millions. Autant dire : si nous avions continué sur le pied d'avant 1847, l'on aurait pu, de 1852 à 1867, demander pour les seules dépenses de ce premier chapitre 2 milliards 805 millions en moins aux contribuables, ou s'ils les fournissaient, on aurait pu employer 2 milliards 805 millions de plus en dépenses utiles, fécondes.

Il va de soi que nous n'entendons pas contester la nature obligatoire de cette dépense. A peine y a-t il dans notre immense budget une allocation plus inévitable que l'allocation destinée à remplir les engagements de l'Etat vis-à-vis ses créanciers. Mais, plus la dépense est impérieuse, et plus soigneusement faut-il s'appliquer à la limiter ; d'autant plus qu'elle est tout aussi stérile qu'elle est impérieuse et tout aussi persistante qu'elle est stérile.

La fâcheuse progression n'est pas moins accentuée dans les deux autres gros chapitres qui vont suivre. Voici quelle a été la marche ascendante des exigences budgétaires du

Ministère de la guerre :

Périodes quinquennales.	Ensemble des dépenses.	Moyenne annuelle.
Années 1852 à 1856	2,776,165,505 fr.	555,233,101 fr.
1857 à 1861	2,267,788,120	453,557,624
1862 à 1866	2,159,702,706	431,940,541

Soit, pour les quinze années réunies, un total de 7 milliards 204 millions de francs ; la moyenne s'établit à 480 millions par an. C'est 117 millions de plus que la moyenne des années 1847 à 1851. Dans l'espace de temps compris entre les années 1832 et 1846, la dépense totale de ce chef n'avait été que de 305 millions par an ; en somme, 4 milliards 577 millions. Surcharge, au compte de l'Empire : 2 milliards 626 millions de francs.

L'augmentation est proportionnellement plus forte encore pour le frère jumeau de ce grand dépensier, qui s'appelle le ministère de la guerre ; c'est — qui ne le devine? — le ministère de la marine. Dans la période quinquennale qui finit en même temps que la République de 1848, le budget de la marine avait demandé 126 millions et demi par an, soit ensemble 633 millions, chiffres ronds ; dans les années 1832 à 1846, la dépense ne s'était élevée qu'à 1 milliard 394 millions, environ 93 millions par an. Elle a plus que doublé sous l'Empire, où l'on a vu arriver aux chiffres que voici le budget du

Ministère de la marine :

Périodes quinquennales.	Ensemble des dépenses.	Moyenne annuelle.
Années 1852 à 1856	895,544,712 fr.	179,108,942 fr.
1857 à 1861	918,287,117	183,657,423
1862 à 1866	1,066,642,294	213,328,459

Soit, pour les quinze années réunies, plus de 2 milliards 880 millions de dépenses maritimes ; moyenne générale, 192 millions de francs par an.

VIII

Arrêtons-nous, ne fût-ce que pour additionner, dans cette course énervante à travers les
milliards dépensés. Durant ses quinze première s
années, l'Empire a demandé ; — pour la dette
publique, 7 milliards 963 millions; — au ministère de la guerre, 7 milliards 204 millions ; —
au ministère de la marine, 2 milliards 880 millions; — *soit, pour trois chapitres seulement,
une dépense totale de 18 milliards et 47 millions
de francs, ou, en moyenne, plus de douze cents
millions de francs par an.*

La dépense annuelle de ces trois chapitres
emboîte le pas, et largement, sur le budget total de 1830. D'autre part, l'ensemble des années
1852-66 excède de 6 milliards 918 millions les
sommes consacrées aux mêmes catégories de
dépenses dans la période de 1832 à 1846.

Ce n'est pas que les dépenses de la monarchie
de Juillet nous paraissent tout à fait normales,
indiscutables. Les républiques font infiniment
mieux. La dette et la guerre commencent seu-

lement à faire leur modeste apparition dans
le budget de la Suisse. Dans le budget des
Etats-Unis, jusqu'à la lutte sécessionniste, la
guerre et la marine ne figuraient quasiment que
pour mémoire ; la dette en avait presque entièrement disparu depuis 1837. Nous avons la ferme
espérance que le budget de l'avenir, le budget des sociétés réellement démocratiques et se
gouvernant elles-mêmes en toute indépendance,
reléguera ces vers rongeurs du budget aux derniers rangs, en attendant qu'il parvienne à les
supprimer. Telles n'étaient assurément pas les
idées qui présidaient à la confection des budgets sous le gouvernement de Juillet. De plus,
en surélevant de soixante mille hommes à quatre-
vingt mille le contingent annuel et en essayant
d'étouffer Paris dans sa ceinture de forteresses,
ce gouvernement tant vanté pour sa sagesse et
pour son esprit libéral, a fait voir qu'il savait,
en cette matière aussi, renforcer les fautes de la
routine par ses folies particulières. La gestion
financière de ce régime n'est donc pas notre
idéal, pas plus que ne répond à nos vœux inti-
mes le système politique et social d'avant 1848.
Mais les visées de cet opuscule sont modestes et
étroitement limitées. Nous voulons être « pra-
tiques, » et nous admettons hypothétiquement
comme régulières la gestion et la situation financières d'avant 1848....

Oui, le gouvernement de Juillet, surtout depuis 1840, n'a guère été la perfection de la sagesse financière. Et, nonobstant, dans un égal espace de temps (quinze ans), l'Empire a dépensé sur les trois chapitres les plus improductifs 6 900 millions en plus que le gouvernement de Juillet. *Six milliards neuf cents millions prélevés* EN PLUS *sur les revenus ou sur la fortune des contribuables !* Se figure-t-on la masse d'entreprises ou de légitimes jouissances empêchées chez les uns, la masse de privations et de souffrances imposées à d'autres, que représente ce colossal surplus de prélèvement fiscal ? Et si ce surplus devait et pouvait être pris aux contribuables (nous le contestons), que l'on se figure la masse de bien qui eût pu être réalisée avec cet argent, employé rationnellement et convenablement ! Avec sept milliards intelligemment dépensés en quinze ans, on dotait toutes les communes de France de bonnes écoles et de bibliothèques populaires ; on terminait les chemins vicinaux ; on complétait le troisième réseau ferré : tout en conservant de quoi assurer l'entretien de ces entreprises d'utilité publique ! C'était transformer la France, au point de vue matériel et au point de vue intellectuel, lui assurer effectivement le premier rang parmi les nations de l'Europe et la prospérité continue à l'intérieur.

En réalité, qu'avez-vous fait des 7 milliards dépensés en sus des 11 milliards que les précédents semblaient vous autoriser à consacrer à ces trois chapitres souverainement stériles? Rien, absolument rien.... Avec votre immense budget d'intérêts annuels, avez-vous relevé et consolidé le crédit de l'Etat? La Rente, avant 1848, avait atteint le cours de 85. Elle se traîne péniblement autour du cours de 70, malgré un taux d'escompte de 2 1/2 pour 100, qui devrait la porter bien au delà du pair !... Avec votre marine si largement nourrie, avez-vous mieux assuré la protection de nos nationaux dans les contrées lointaines? Demandez-le aux pauvres Français qui, après une liquidation précipitée et fatalement onéreuse, viennent de déserter les établissements de commerce et d'industrie que de longue date ils s'étaient créés au Mexique... Avec les sept milliards deux cents millions de francs livrés au ministre de la guerre, avez-vous relevé le prestige militaire de la France, augmenté son influence en Europe ou seulement accru sa sécurité? Que les événements de 1866 répondent, et les aveux d'isolement et d'angoisses faits par les ministres lors de la discussion de la loi militaire !

Et voilà les services qui, à eux seuls, en quinze ans, nous ont coûté 18 milliards 47 millions de francs. Voilà les services qui, à eux seuls, coûtent en moyenne 120 francs par an à chaque famille française.

IX

Est-ce à dire que le reste des 31 milliards dépensés de 1852 à 1866 a pu être consacré et a été consacré à des dépenses utiles, fécondes? Nous sommes, hélas! loin du compte.

Voici d'abord un chapitre que les documents officiels rattachent souvent à la dette publique : les dotations (liste civile, apanages, etc.) De 1852 à 1866, elles ont pris un peu plus de 608 millions. Ce n'est pas une dépense tout à fait gratuite. Le service du Corps législatif en prend un dixième environ. Rappelons seulement que pour les années 1832 à 1846, ce chapitre n'avait demandé que 251 millions. Différence, à la charge du présent : 357 millions de francs. Bagatelle, par le temps qui court. Notons et passons.

Voici encore les frais de régie et de réception. On connaît déjà l'emploi forcé des allocations de ce chapitre. Elles se sont élevées (toujours pour la période de 1852 à 1866) à 2 milliards 877 millions, soit 914 millions de plus que dans les années 1832 à 1846. Non moins déterminé et forcé est l'emploi des sommes assignées pour non-valeurs et restitutions (aux départements surtout et aux communes). Elles se montaient, pour le ministère des finances seulement, à 1 milliard 843 millions, le double presque du chiffre (928 millions) atteint en 1832-1846. Une somme à peu près égale trouve le même emploi par l'intermédiaire du ministère de l'intérieur; passons-la, pour compenser ce qui, dans les trois chapitres précités, pourrait être dépense purement nominale ou avoir un emploi fécond. Tenons-nous-en aux trois chefs de dépense déjà signalés, qui sont : — Dotations : 608 millions; — frais de régie et de perception, 2 milliards 877 millions ; — non-valeurs et restitutions, 1 milliard 843 millions : — soit ensemble 5 milliards 328 millions. Ajoutez-les au total des trois gros chapitres précédemment analysés et vous arrivez à une somme de 23 milliards 375 millions de francs. C'est, en moyenne, une dépense de plus de 1 milliard 558 millions de francs par an.

Ainsi, sur les 31 milliards dépensés de 1852 à 1866, près de 23 milliards et demi s'en allèrent à des destinations ou fatalement stériles, ou fortement discutables; ou encore : plus de 1500 millions, sur les 2064 millions de dépenses annuelles (moyenne de 1852-66), s'écoulent de cette triste façon. Etonnez-vous alors si l'État manque de fonds pour construire des écoles et payer les instituteurs ; pour achever les chemins vicinaux et presser la construction du troisième réseau ; pour mieux payer les juges et réduire les frais de procédure ; pour salarier convenablement les facteurs ruraux et améliorer le service postal ; pour porter secours en cas d'urgence, comme la famine de l'Algérie ; pour développer le service télégraphique : en un mot, pour satisfaire aux exigences les plus légitimes et les plus urgentes des services publics !

X

Comment s'étonner de cette pénurie, comment s'étonner de l'impossibilité où se dit le fisc de réformer les impôts même les plus mal agencés, d'abaisser les contributions même les plus élevées, lorsque la totalité à peu près des ressources dites *ordinaires* est ainsi absorbée par les dépenses inutiles ou excessives et toutes stériles ; lorsque, sur les ressources dites *ordinaires*, rien presque ne reste disponible pour les véritables besoins politiques et sociaux auxquels, en première ligne, l'État est appelé à satisfaire, et qui seuls, au fond, légitiment l'impôt ?

Voici, en effet, ce que nous apprennent les comptes officiels sur le montant et la provenance générale des

Ressources de l'État :

Périodes quinquennales.	Recettes ordinaires.	Recettes extraordinaires.	Ensemble.
1852 à 1856	7,318,656,361	2,202,399,039	9,521,055,400
1857 à 1861	8,661,134,464	1,156,496,473	9,817,630,937
1862 à 1866	9,782,719,535	1,238,850,867	11,021,370,402

Ainsi, l'ensemble des ressources de toutes natures que l'État a pu se procurer (30 milliards 360 millions) est resté inférieur de 640 millions aux dépenses qu'il a faites durant le même espace de temps (31 milliards). Mais sur ces 30 milliards 360 millions de recettes, environ 4 milliards 598 millions ont dû être demandés à des ressources extraordinaires ; nous en connaîtrons tantôt la nature. Les ressources dites *ordinaires* n'ont donné que 25 milliards 742 millions. Or, nous venons de voir que les dépenses ou fatalement stériles, ou fortement discutables, mais maintenues obstinément et même accrues constamment, s'élevaient, en 1852-66, à 23 milliards 375 millions. Que restait-il sur les ressources dites *ordinaires* pour les besoins effectifs de l'État? A peine 160 millions par année moyenne !

Bien entendu, si l'on admet la classification des recettes telle que l'établit l'administration, et avec cette classification, le rendement qu'elle dit provenir des ressources « ordinaires. » En y regardant de près, on juge, en bien des cas, cet adjectif fort déplacé. Est-ce vraiment une ressource normale que le maintien à l'infini, en pleine paix, du décime de guerre, du second demi-décime de guerre, du double décime de guerre? Est-ce une ressource normale que l'absorption constante, pour les besoins courants, des allocations qui, en vertu des lois et des engagements formels pris envers les prêteurs de l'Etat, devaient s'appliquer à l'amortissement de la dette publique? Est-ce une ressource normale que celle des 226 millions que vous tirez des boissons en entravant la production, la circulation et la consommation par cette multitude de droits aussi vexatoires que ruineux[1], qui, l'octroi aidant, font du verre de vin pur une jouissance de luxe dans le premier pays vignoble du monde? Est-ce une ressource normale que celle des 120 millions que vous obtenez du droit sur les mutations immobilières,

---

1. Droit de circulation, droit d'expédition, droit de détail et de consommation, droit de fabrication (bière), droit d'entrée, etc.

en les surexcitant artificiellement dans les villes, mais en les rendant ruineuses, par l'exagération du droit, pour la propriété extrêmement morcelée des campagnes? Est-ce une ressource normale que celle du timbre écrasant qui pèse sur les journaux, obligés de verser au fisc, non pas le quart ni la moitié de leur revenu net, mais le double souvent, le triple encore de leurs bénéfices bruts, et moyennant quoi l'on étouffe une industrie qu'une administration éclairée encouragerait de toutes façons?

XI

Nous avons promis d'être coulant. N'épiloguons pas. Acceptons les données officielles telles qu'on les présente. Traitons comme recette ordinaire tout ce qu'il plaît à l'administration de classer sous cette rubrique. Voici qui n'en reste pas moins acquis : une fois couvertes les dépenses ou stériles, ou excessives, mais que le gouvernement soigne en première ligne et augmente sans cesse, il ne lui reste pas même

200 millions par an pour répondre à tous les besoins réels des services publics !

Faut-il démontrer que ce disponible ne saurait suffire dans un pays de cinq cent quarante-trois mille kilomètres carrés, peuplé de trente-huit millions d'habitants, et dont l'organisation administrative ne brille ni par l'économie du personnel, ni — dans les régions supérieures — par la modestie des traitements? C'est d'une évidence incontestable ! Mais non moins évident est-il qu'en cet état de choses, l'équilibre entre les recettes et les dépenses, dont, à chaque présentation des budgets, on tente de reproduire le mirage, devient une pure impossibilité. Le déficit cesse d'être un fâcheux accident ; c'est une plaie inévitable. Et lorsque toutes les ressources de plus en plus extraordinaires ne parviennent plus à contrebalancer le déficit qui grossit outre mesure, fatalement on aboutit aux découverts en permanence, qui se traduisent tout aussi fatalement en augmentation continue de la dette flottante. C'est forcé, parce que c'est la logique des choses, l'enchaînement inexorable des causes et effets.

Près de 4 milliards 600 millions ont été demandés, a-t-on vu, à des ressources extraordinaires. C'est une moyenne annuelle de 306 millions. On s'étonne d'abord de voir cette demande se reproduire invariablement d'année en année et de la voir tout aussi invariablement accomplie exercice par exercice. Dieu ferait-il encore des miracles, et pour chaque besoin extraordinaire créerait-il aussitôt une ressource extraordinaire ? Les choses, hélas ! se passent plus prosaïquement. Les « ressources extraordinaires » qui viennent si opportunément en aide aux embarras de notre administration financière ne sont autres que l'expédient trop connu, dont, en tout temps, usaient et abusaient les prodigues : c'est le crédit.

En compulsant les comptes de l'administration financière pour connaître les provenances des ressources extraordinaires (1852-1866), l'on arrive à la répartition que voici :

1° *Emprunts en rente*.......... 1,996,975,428 francs.
2° *Réserve de l'amortissement*... 1,742,792,444
3° *Aliénation de bois de l'Etat*... 34,498,202
4° *Produits divers* 823,480,305

Ainsi, plus des quatre cinquièmes des ressources extraordinaires constituent un endettement direct ou indirect : direct, par la création de rentes nouvelles (n° 1) ; indirect, par la consommation des fonds spéciaux que la loi et les traités assignaient au remboursement des dettes antérieures (n° 2). Ce n'est pas tout ; l'emprunt réapparaît dans les « produits divers » (n° 4) : un contingent de 132 millions leur vient des fameuses obligations trentenaires créées et exaltées en 1861, désavouées l'année après par

M. Fould, et aujourd'hui en train d'être réhabilitées.

L'endettement est d'ailleurs, de toutes les ressources de l'extraordinaire, la seule sur laquelle on puisse faire fond. Un financier digne de ce nom prendra-t-il au sérieux les dizaines de millions pour lesquelles les indemnités chinoises, cochinchinoises, mexicaines, japonaises, ont, pendant quelques années, figuré dans nos budgets extraordinaires? Ou comblera-t-on les déficits avec les « contributions extraordinaires de guerre frappées en Algérie sur les tribus indigènes » (5406047 fr. en 1864-66,) sur ces tribus que nos aumônes peuvent à peine empêcher aujourd'hui de mourir de faim? Toutes ces recettes, plus ou moins fantastiques, sont épuisées. La grande ressource de l'extraordinaire — qui l'eût jamais soupçonné? — est aujourd'hui l'excédant du budget ordinaire [1] ! Un seul fait suffira pour faire apprécier la valeur de cette ressource ; il se rapporte au budget du premier exercice qui suit l'époque de quinze ans dont nous nous occupons ici particulièrement: au budget de l'exercice 1867. D'après les lois des finances votées le 25 juillet 1866, un ensemble de recettes, ordinaires et extraordinaires, de 1 milliard 657 millions devait

—————

1. Sur les 147 millions de ressources assignées au budget extraordinaire de 1868 (loi des finances du 31 juillet 1867), près de 125 millions doivent provenir de l'excédant de recettes du budget ordinaire de 1868. C'est écrit !

suffire à tous les besoins de l'exercice 1867 (non compris les dépenses spéciales, pour ordre, etc.), et produire encore un excédant de 340,000 francs ; d'après les budgets rectifiés (3 août 1867), les ressources portées à 1 milliard 750 millions de francs laissaient néanmoins un déficit de près de 159 millions ! Quelques mois après, de nouvelles rectifications et de nouveaux suppléments de crédit (loi du 30 juillet 1868) venaient élargir encore le déficit ! Le tout aboutit finalement à la loi du 1er août 1868 qui grève le Grand-Livre d'une nouvelle dette de 450 millions *effectifs*, dont plus de cent quatre-vingts millions et demi pour les *découverts* de l'exercice 1867. Voilà ce que la triste réalité fait des excédants qui si pompeusement s'étalent dans nos prévisions budgétaires et dans nos lois de finances.

XII

Ayons le courage de notre situation et avouons-le : l'endettement seul nous soutient,

— à peu près comme la corde soutient le pendu : pour l'étrangler. En attendant, nous empruntions, nous empruntons, nous emprunterons : à tout le monde, de toutes les manières, sous toutes les formes. On a fait des appels francs au public : — en mars et décembre 1854, pour 250 et 500 millions effectifs ; — en juillet 1855, pour 750 millions effectifs ; — en mai 1859, pour 500 millions effectifs ; — en janvier 1864, pour 300 millions effectifs. On a fait des emprunts déguisés : par l'émission des obligations trentenaires, converties depuis en rentes perpétuelles (loi du 12 février 1862) ; par la *soulte* que M. Fould a fait verser par des porteurs de 4 1/2 p. 100, lors de la tentative (avortée) de l'unification de la dette nationale ; par les consolidations successives des fonds de la dotation de l'armée. On a fait des emprunts particuliers : à la Banque de France, par exemple, lors du renouvellement de son privilége (9 juin 1857). On a créé des rentes au profit de la Légion d'honneur (décret du 27 mars 1852) ; pour les héritiers de la reine des Belges (loi du 10 juillet 1856) ; pour le majorat du duc d'Istria (décret du 19 mars 1858). En un mot, l'État emprunte toujours et de toutes parts.

Rembourse-t-il aussi, ne fût-ce que pour soutenir son crédit et emprunter à des conditions meilleures ? L'allocation qui, dans l'esprit de la loi du 10 juin 1833 et des lois spéciales d'emprunt, devait annuellement être assignée à l'amortissement (1 pour 100 du montant des emprunts), a religieusement été faite dans les budgets; toutefois, les créanciers de l'Etat qui avaient droit à ce prélèvement, l'ont vu passer sous leurs yeux, pour aller se dépenser ailleurs. De 1833, date de la réorganisation de la Caisse d'amortissement, jusqu'à la fin de 1847, les recettes de la Caisse s'étaient montées à 1 milliard 266 millions, et elle avait employé 385 millions au rachat de rentes; de 1852 à 1866, sur une recette de 1 milliard 884 millions, la Caisse n'a employé que 54 millions à l'amortissement! Notez que l'empêchement avant 1848 venait parfois du cours trop élevé de la rente (au-dessus du pair), qui, forcément et statutairement, arrêtait l'action de la Caisse; cette heureuse entrave, le gouvernement impérial ne l'a jamais rencontrée.

Le gouvernement impérial fait plus que de ne pas amortir : du même coup il vient de biffer les arriérés accumulés de la Caisse d'amortissement, et l'obligation même qu'imposait la loi de 1833 de réagir, par une allocation spéciale, contre le grossissement continu de la dette. La loi du 11 juillet 1866 annule les rentes en possession de la Caisse d'amortissement, c'est-à-dire la dette que le Trésor, depuis vingt ans, avait successivement contractée envers elle; en même temps elle défait, d'une manière définitive, le mécanisme créé en 1833. Désormais ce n'est plus le budget général qui par une allocation annuelle alimente la Caisse d'amortissement : elle a son budget spécial. Ce budget pourvoit à quantité d'obligations diverses, une seule exceptée : celle de rembourser les emprunts contractés par l'Etat. Ou est-ce un « amortissement » sérieux que celui qui, tout au plus, rachètera annuellement pour 20 millions de titres sur une dette qui largement dépasse les 10 milliards, et sous un régime qui, en moyenne, emprunte plus de 200 millions par an ? Et l'on prétend avoir supprimé l'organisation de 1833, parce qu'elle ne fonctionnait que nominalement! La nouvelle caisse spéciale de l'amortissement amortira tout aussi peu. Pourquoi conserver l'étiquette et ne pas dire franchement : nous entendons emprunter toujours et ne jamais rembourser? Ce serait et plus franc et plus digne.

XIII

Avec cette continuité dans l'emprunt et cette absence de remboursement, comment la dette n'augmenterait-elle pas largement? La liquidation Ramel, point de départ du Grand-Livre, avait fait inscrire (loi du 9 vendémiaire an VI), une rente de 40,216,000 francs. Le Consulat et l'Empire, très-sobres, dans l'usage du crédit, n'ajoutent que 23,091,637 francs à ce premier fonds. Entre la chute du premier Empire et celle de la seconde république, créations et annulations compensées, la charge en rentes a monté de 63,307,637 francs (1er avril 1814) à 242,774,478 francs (1er janvier 1852) : c'est, en trente-huit ans, une augmentation de près de 179 millions et demi, soit 4,723,075 francs par année moyenne. Par contre, du 1er janvier 1852 au 1er janvier 1867, la rente a monté à 340 millions, soit de 6 millions et demi par an. La progression est presque de moitié plus forte que sous les régimes antérieurs. Les cours s'en ressentent; le 3 pour 100 est retombé au cours de son année de début [(1825) et ne sait guère le dépasser. Dès avant 1830, pourtant, le rente 3 pour 100 avait franchi le prix de 80 ; à la veille de 1848, elle arrivait à 85. On y revint, ou à peu près, le lendemain du coup d'Etat. Depuis, on la voit presque constamment au-dessous de 70, qui paraît aujourd'hui la dernière limite du possible !

C'est au-dessous de 70 que s'est fait encore l'emprunt de l'été dernier (août). Pour 100 fr. de capital ou pour 3 francs de rente dont il se reconnaît débiteur, le gouvernement a obtenu 69.25 ; il n'avait obtenu que 66.30 lors de l'emprunt de 1864. Les officieux font sonner bien haut ce progrès, cette amélioration et cette consolidation du crédit de l'Etat. Notons d'abord que le progrès apparaît bien mesquin en comparaison de ce qui, sous ce rapport, s'est vu sous d'autres régimes. Ainsi, la Restauration avait commencé par payer 8.7 pour 100 (du 5 pour 100 placé à 57.50 en 1816) ; grâce à des améliorations successives, elle finit par payer moitié moins cher, au-dessous même (du 4 pour 100, placé, en janvier 1830, à 102 francs). Le gouvernement de Juillet, à ses débuts, paye près de 6 pour 100 (du 5 pour 100 placé en 1831 à 84) ; treize ans après, il place son 3 pour 100 à 84.75 ; on lui prête donc à 3 et demi pour 100. L'Empire, après dix-sept ans d'existence, emprunte à 4.3 pour 100 ! Ajoutons qu'il continue de payer plus cher que ses prédécesseurs, lorsque tant de circonstances sembleraient, au contraire, devoir le favoriser d'une façon toute particulière.

Sous la Restauration et sous le gouvernement de juillet, l'escompte à la Banque de France ne descendit jamais au-dessous de 4 pour 100 ; il reste aujourd'hui obstinément à 2 et demi pour 100. A ces époques, les gouvernements se croyaient encore obligés de passer par l'intermédiaire des banquiers, qui forcément renchérissait le prêt ; le gouvernement actuel s'adresse directement aux prêteurs. A ces époques, les fortes coupures n'admettaient à la souscription que la Banque et la bourgeoisie ; la « démocratisation de la rente, » par l'abaissement de la coupure (6 francs), permet aujourd'hui de puiser jusque dans les bourses les plus modestes, et effectivement vous a porté à près de onze cent mille le nombre des créanciers de l'Etat. Et malgré tout cela, vous payez aussi chèrement qu'il y a quatorze ans, plus chèrement que d'autres n'ont payé il y a vingt-cinq, il y a quarante ans ! Est-ce clair ? est-ce parlant ?

A-t-on fait du fracas avec les prétendus 15 milliards que 781,292 souscripteurs auraient offert en août dernier au gouvernement, qui n'en demandait pas la trentième partie ! Les plus naïfs, à la Bourse et même hors la Bourse, n'ont pas tardé, pourtant, à savoir ce que signifiait et ce

que valait cette soi-disant affluence des capitaux;
l'habileté coûteuse du ministre des finances, la
pression exercée sur les grands établissements
de crédit et la spéculation agioteuse en avaient
fait les frais. Aujourd'hui encore, cet emprunt
souscrit trente-quatre fois et que, par conséquent, l'on devrait s'arracher à coups de primes,
est loin d'être classé; M. Magne en a fait l'aveu
à la Chambre lorsqu'il s'est agi, en mars, de
faire émettre un emprunt direct par la ville de
Paris.

Ce n'est pas à dire, certes, que la souscription du mois d'août 1868 ait été entièrement fic-
tive. Il y eut, dans le nombre, des souscripteurs
sérieux. Comment n'aurait-on pas souscrit, et
même avec un certain empressement? L'argent
disponible surabonde; personne n'ose le con-
fier aux affaires, grâce aux inquiétudes générales; 1,300 millions d'espèces dorment inertes
dans les seules caves de la Banque de France.
Les grandes institutions de crédit prétendent
obliger leurs clients en acceptant des dépôts à
1 et demi pour 100. Tout le monde fuit les valeurs de bourse, justement effrayé par les per-
tes immenses que ces dernières années ont
amenées dans le monde de la spéculation.
Comment, en cet état de choses, ne se jetterait-
on pas avec avidité sur un placement qui, sans
travail ni souci, donne un revenu de 4 et demi
pour cent? On sait que le placement est sûr.

La France, malgré tout, reste bonne débitrice; quoi qu'il arrive, la France ne reculera devant aucun effort pour faire honneur à sa signature, n'importe qui l'ait donnée en son nom, pour quels besoins et à quelles conditions elle ait été engagée. Mais un succès dû à de pareils mobiles est-il de nature à enorgueillir? L'ensemble de ces faits ne trahit-il pas au contraire une situation des plus malsaines, des plus dangereuses? Cet accroissement de la dette ne va-t-il pas fatalement accroître encore le discrédit du Trésor? Cette augmentation des charges de la rente ne va-t-elle pas fatalement rendre le budget plus accablant encore et creuser plus profondément l'abîme des déficits en permanence?

Poser ces questions c'est les résoudre; elles ne comportent évidemment qu'une seule réponse : l'affirmative.

XIV

Si, pour le moins, l'emprunt pouvait être un remède! Le remède serait héroïque, il est vrai; peut-être serait-il efficace aussi. Rien, par malheur, n'autorise à voir dans le dernier emprunt plus qu'un palliatif, qu'un expédient. Il consolidera, dit-on, une partie de la dette flottante; soit. Nous ne méconnaissons pas ce qu'il y a de dangereux dans un milliard de créances exigibles plus ou moins instantanément. Mais l'emprunt de 1868 va-t-il réellement conjurer le danger? Les précédents suffiraient pour en faire douter. Nous avons, — pour ne pas remonter trop haut, — nous avons « consolidé » à l'avénement de M. Fould, moyennant la soulte de la conversion; combien de temps la dette flottante a-t-elle tardé à atteindre de nouveau la vertigineuse hauteur du milliard? Nous avons reconsolidé deux ans après, avec l'emprunt du 31 décembre 1863; le milliard a de nouveau été atteint, avant peut-être qu'on n'eût encaissé les derniers versements de l'emprunt. Il en sera de même de la consolidation de 1868 : par la raison bien simple, mais bien péremptoire, qu'il n'en saurait guère être autrement.

C'est fatal, en effet. Le bon ou le mauvais vouloir du gouvernement, l'habileté ou la mal-habileté du ministre des finances n'y peuvent rien, tant que dure l'ensemble des circonstances qui les condamnent à ce travail de Sisyphe. Nous les avons analysées ; rappelons-les brièvement. — Depuis les débuts de l'Empire, l'emprunt plus ou moins franc a dû fournir année moyenne 200 millions environ pour remédier à l'insuffisance des revenus. Les ressources dites ordinaires sont aujourd'hui grandement surforcées ; l'abaissement que le revenu des impôts indirects subit depuis quelque temps suffirait d'ailleurs pour le prouver ; l'arc évidemment est tendu à l'excès. Les petites ressources extraordinaires et pour la plupart exotiques qui, en ces dernières années, ont paradé dans les budgets supplémentaires, sont complétement épuisées. D'autre part, les dépenses stériles ne discontinuent pas d'augmenter, et cinq à six chapitres de cette nature absorbent à eux seuls la totalité presque des ressources effectives et sûres. — A quoi peut servir, en pareille situation, la consolidation du quart, du tiers de la dette flottante ? Forcément elle doit aussitôt remonter, parce que le déficit ne peut pas ne pas se reproduire chaque année et grossir d'exercice en exercice; parce que l'emprunt lui-même, qui doit opérer la consolidation, ne peut guère, en surélevant les charges budgétaires, ne pas élargir la disproportion entre les exigences du Trésor et les ressources du pays. Ajoutez l'inévitable augmentation des dépenses militaires et l'inévitable diminution de l'activité productive du pays, qui résulteront du développement donné par la loi du 1ᵉʳ février 1868 à notre appareil de guerre ; la disproportion budgétaire, le déficit, l'endettement progresseront d'autant.

En cet état des choses et tant qu'il est maintenu, toute réduction de la dette flottante ne sera et ne peut être qu'une facilité de plus donnée au gouvernement pour persévérer dans des errements que tout aujourd'hui condamne ; pour aggraver, en la continuant, une situation à tous égards malheureuse, qui épuise la France dans le présent et menace de ruiner son avenir.

Le calcul, du reste, est facile à établir. La loi des finances du 2 août 1868 accuse dans les *prévisions* budgétaires pour 1869 un déficit de plus de 90 millions; il doit y être pourvu par le solde de l'emprunt de 1868, si solde il y a. Aisément l'on se figure la hauteur qu'atteindra ce déficit en réalité, lorsqu'on se souvient de l'énormité des déficits légués par les budgets dont les *prévisions* nous gratifiaient invariablement d'excédants de recettes : presque tous les budgets depuis 1852 ont été *présentés* avec un excédant de recettes et presque tous ont été *clos* avec un excédant de dépenses. On l'a vu déjà : le déficit, dans le courant ordinaire de nos budgets, est devenu inévitable ; M. Magne, pour surcroît, nous annonçait l'année dernière toute une série de nouvelles dépenses extraordinaires, à la charge notamment des ministères de la guerre et de la marine. Jusqu'où, en cette situation, pouvons-nous aller avec les 450 millions, en grande partie consommés d'avance, du nouvel emprunt ? Avant un an d'ici, la dette flottante à nouveau dépassera le milliard, et à nouveau nous serons obligés de recourir à l'emprunt.

XV

C'est aller droit vers la ruine, et à grands pas. Pour y échapper, pour arrêter l'épuisement croissant du pays et amoindrir les cuisants embarras budgétaires, les artifices de trésorerie sont manifestement insuffisants ; ils ne peuvent qu'aggraver le mal. Il faut aux grands maux des remèdes sérieux.

Naguère encore, les harangues officielles et

les feuilles officieuses chantaient à l'unisson la
« prospérité croissante » de la France et ses
« ressources inépuisables ; » c'était cliché et
cela servait de réponse à tout. Depuis un an ou
deux, on n'ose plus produire ces complaisantes
fantaisies ; de navrantes réalités leur donnent
un si cruel démenti! Les plus optimistes sont
obligés d'en rabattre beaucoup de leurs pom-
peuses déclamations depuis le mémorable débat
dont la situation économique du pays a fait l'objet, en mai 1868, au Corps législatif. Les dé-
putés les plus « dévoués » et que personne ne
suspectera d'hostilité systématique, de pessi-
misme obstiné, ont successivement passé en re-
vue les divers éléments de la « prospérité » que
tant on aime à nous vanter. Ils ont montré, chiffres en main, qu'à un essor plus ou moins solide
de quelques années a succédé un état général
d'atonie, de marasme, dont tous pâtissent à des
degrés divers. Ils ont montré l'agriculture en
souffrance, malgré les hauts prix du blé, parce
que les voies de communication locales lui man-
quent, parce que les impôts l'écrasent, parce
que les capitaux en sont détournés. Ils ont montré la culture forestière en décadence, parce que
les canaux sont inachevés, parce que d'énormes
octrois interdisent au bois l'accès de ses meil-
leurs débouchés naturels. Ils ont montré la mé-
tallurgie, la filature, fermant une grande partie
de ses usines, ou réduisant tantôt le nombre des

ouvriers, tantôt la durée du travail, parce que la vente diminue au dehors et au dedans.

Ces souffrances, ni M. Rouher, ni M. de Forcade, ne les ont sérieusement contestées. Le moyen de les contester, en présence de l'impôt qui voit son rendement fléchir ; en présence des tableaux de douane qui accusent la baisse persistante de l'exportation ; en présence des bilans de la Banque de France dont le portefeuille est d'une insignifiance désolante ; en présence des statistiques commerciales qui constatent une progression continue des faillites ; en présence de la cote de la Bourse de Paris où la dépréciation des valeurs se chiffre par milliards !

Impossible de faire plus longtemps illusion au pays, car ses souffrances s'aggravent en persistant. Les « points noirs » sont partout visibles à l'œil nu. Comment, dès lors, ne pas convenir que le flot croissant des dettes de l'Etat devient un grave danger politique et social ; que l'augmentation continue des charges contributives est de plus en plus disproportionnée avec les ressources des populations et doit à tout prix être arrêtée ; que la réforme radicale dans nos finances, le retour à une gestion rationnelle et économe des deniers publics, est une nécessité suprême pour l'empire, presqu'une question de vie ou de mort ?

XVI

Il faut sans retard ramener nos dépenses publiques au niveau des ressources effectives, sûres, et donner aux milliards que l'on prélève sur les contribuables une destination utile et féconde.

La pensée aussitôt se reporte aux budgets de la guerre et de la marine. De 1852 à 1866, ces deux départements ministériels n'ont pas absorbé moins de 10 milliards 84 millions ; en 1867, ils ont demandé près de 1 milliard ; la réorganisation militaire du 1er février 1868 va les rendre plus coûteux encore. Soutiendra-t-on sérieusement que ces énormes dépenses sont d'une nécessité si absolue qu'il faille les maintenir malgré la ruine manifeste du pays qu'elles creusent de plus en plus profonde ? On me dispensera volontiers, j'estime, de refaire ici la démonstration du contraire, fournie si brillamment au Corps législatif, lors de la discussion de la nouvelle loi militaire, par M. Thiers, par M. Garnier-Pagès, par M. Jules Simon, par M. Magnin, par d'autres orateurs de l'opposition et même de la majorité.

La France, on l'a démontré d'une manière surabondante dans ces remarquables tournois parlementaires, la France n'a rien à redouter d'une réduction large de son appareil militaire, les millions de soldats dont l'on gratifie complaisamment les puissances étrangères fussent-ils même moins chimériques; la France ne peut que gagner à cette réforme, non-seulement au point de vue financier, mais politiquement aussi et moralement. En opérant la réforme, elle accomplira de plus un devoir que lui impose sa position, parce que plus qu'aucune nation au monde elle est à même de donner l'exemple du progrès, qui sera l'impulsion.

Tout cela, je le répète, a été tant dit, redit, et fort bien, dans ces derniers temps, qu'insister serait vraiment de trop. Un mot seulement. Contestera-t-on que la France n'a jamais été moins redoutée au dehors, moins influente dans les conseils de l'Europe, moins écoutée par les gouvernements étrangers, que depuis qu'on la voit se ruiner par l'exagération inconsidérée de ses dépenses militaires ? Et rien n'est plus logique. Ce n'est point en épuisant la nation en temps de paix qu'on la rend puissante pour la guerre. Eh bien! mettons que l'on revienne seulement, pour la guerre et la marine, aux budgets déjà surforcés de la période quinquennale qui avait précédé l'Empire, 1847 à 1851. Ces dépenses s'élevaient alors à 489 millions de francs par an. Sur la dépense moyenne des années 1852 à 1866, ce serait une économie de 183 millions de francs; sur le montant actuel de ces dépenses, l'économie serait de 300 millions par an, pour le moins. Le chiffre est notable. Néanmoins, son importance pécuniaire disparaît presque en face des bienfaits indirects, autrement considérables, que cette réforme du désarmement partiel, produirait chez nous et ailleurs; là-dessus il n'y a qu'une voix en Europe.

XVII

Les budgets de la guerre et de la marine ne sont pas seuls à comporter des réductions, à les appeler. Nous avons vu, par exemple, le chapitre des « dotations » absorber 608 millions en 1852-66; sur le pied de la période quinquennale précédente (moins de 53 millions en 1847-51), la dépense aurait pu n'être que de 160 millions. Elle dépasse encore de 357 millions la dépense faite de ce chef dans un égal espace de temps (1832-46) par la monarchie de Juillet; les trente millions de la liste civile en constituent la charge principale. Or, cette dépense doit-elle absolument, en face de la détresse du pays, rester au chiffre si élevé auquel on crut naguère pouvoir la porter. Nous rappellerons qu'en Grèce, en Italie, en Portugal, en présence de situations analogues, des abandons spontanés ont été faits récemment sur des dotations qui semblaient en disproportion avec la situation financière du pays.

Signalons aussi le gros chapitre des frais de régie et de perception. Nous les avons vus, en 1852-66, portés à 192 millions par an ; ce n'était que 131 millions sous le gouvernement de Juillet, que 150 millions en 1847-51 ; c'est aujourd'hui plus de 230 millions. Une partie de l'accroissement, nous le savons, est une dépense purement nominale ; il faut bien acheter et fabriquer plus de tabacs quand augmente le débit de ce narcotique. Mais les frais de gestion proprement dits augmentent également dans une large proportion Pourquoi ? La population, dit-on, s'est accrue et la recette aussi. Ce n'est guère une raison. Rien ne vient donc contrebalancer, et au delà, cette cause d'accroissement ? Grâce aux chemins de fer, au télégraphe, au développement du service postal (et tout cela est *gratis* pour le monde officiel), grâce aux perfectionnements apportés dans le maniement des fonds, la même quantité de besogne devrait se faire aujourd'hui avec la moitié de temps, de personnel, de travail, qu'elle exigeait il y a trente ans, il y a vingt ans. Les frais de régie, de perception, et en général toutes les dépenses administratives et financières devraient suivre une marche constamment descendante, comme diminuent, sous l'influence des mêmes faits, les frais généraux de toutes les grandes exploitations. L'État, en France, augmente les siens et toujours les augmente! C'est qu'il accroît constamment l'armée des employés et en même temps surélève le traitement des chefs. Les ministres, par exemple, payés 40,000 francs, il y a vingt ans, touchent aujourd'hui au minimum (et sans le cumul) cent mille francs de traitement annuel. Pour une douzaine, cela compte. Le reste à l'avenant. Tout cela pouvait passer au bienheureux temps de la « prospérité croissante » et des « ressources inépuisables » de la France; mais n'y a-t-il pas, dans ces gros chapitres des traitements, des frais de perception et d'administration, de quoi faire des larges entailles, quand l'épuisement financier du pays, d'inextricables embarras du Trésor, imposent des économies? Les gros traitements qui, pour certains dignitaires, s'élèvent jusqu'à 200,000 ou même 300,000 francs, ne sont-ils pas une insulte à la misère toujours croissante qui accable l'immense majorité des familles appartenant à la classe travailleuse proprement

dite? Les réductions que nous réclamons auraient de plus l'avantage de refréner la chasse
aux emplois et la manie bureaucratique, deux
terribles fléaux de la France.

Allonger la liste de ces réductions possibles
ne serait vraiment pas une tâche bien difficile.
Serait-il interdit, par exemple, de croire que
les ministères d'État, de la maison de l'Empereur et des beaux-arts, créations de l'Empire,
sont d'une utilité plus que contestable ? Ils ont,
de 1852 à 1866, absorbé près de 229 millions
en dépenses « ordinaires » seulement! Ainsi
encore, de l'avis de tous les hommes d'État
véritablement progressistes, la séparation complète de l'Église et de l'État répond le mieux
aux intérêts bien entendus de l'une et de l'autre ; elle entraîne naturellement la suppression
du budget des cultes. Nous savons, en France,
par expérience, non pas ce que vaut ce système, — nous ne l'avons jamais pratiqué, — mais
à quel point l'autre est gros d'inconséquences,
d'inconvénients, de dangers même. Cela n'autoriserait-il pas à ranger, parmi les dépenses
fort discutables, les 717 millions que le service
des cultes a absorbés dans les années 1852 à
1866 ? Il est vrai qu'en retour, l'État n'accorde
que la piteuse aumône de 23 millions par an
(ordinaire et extraordinaire!) à l'instruction publique, dans un pays de 38 millions d'âmes qui
prétend « marcher à la tête de la civilisation, »

et où, dans les villes même, la moitié à peine de la population sait signer son nom !

XVIII

Mais ces fugitives pages ne sauraient guère avoir la prétention de dresser des plans de réforme. C'est le Bilan seul de l'Empire que nous voulions esquisser avec conscience et impartialité, et en nous basant uniquement sur les documents officiels. Résumons ce bilan.

Dans ses quinze premières années (1852 à 1866), l'Empire a dépensé 31 milliards de francs, soit 12 milliards de plus que n'avait dépensé le gouvernement de Juillet dans un même espace de temps (1832 à 1846). Sur ces 31 milliards, près des trois quarts (au delà de 23 milliards) ont été absorbés par des dépenses ou fatalement stériles (dette, etc.), ou pires que stériles (guerre, marine, etc.), ou d'une utilité fort contestable (culte, etc.). Pourtant ces 23 milliards représentent la totalité de ce qui a pu être tiré des ressources ordinaires, des ressources sûres, positives du pays. Comme résultats de cette disproportion entre les moyens et les exigences nous voyons : l'élasticité des impôts brisée par le surchargement des contribuables, et partant diminution des revenus ; les besoins les plus légitimes du pays (enseignement, viabilité, etc.) laissés en souffrance ; recours plus fréquent que jamais au crédit, et le capital de la dette publique plus que doublé en quinze ans ; enflement continu de la dette flottante, que l'on s'efforce en vain de maintenir au-dessous du milliard. De là les embarras continus du Trésor ; la misère croissante des populations ; la confiance nulle part, le mécontentement et l'agitation partout. Est-ce une situation normale, tenable seulement ? Que les citoyens répondent, et, qu'en leur qualité d'électeurs surtout, ils agissent en conséquence !

FIN.

10600. — IMPRIMERIE GÉNÉRALE DE CH. LAHURE

Rue de Fleurus, 9, à Paris